LE PETIT LIVRE DE L'ENFANCE.

NOUVEAU SYLLABAIRE

ET

PREMIÈRES LEÇONS GRADUÉES DE LECTURE

Par F. F***

ANCIEN INSTITUTEUR DU DEGRÉ SUPÉRIEUR.

AVIGNON,
Chez BONNET FILS, Imprimeur-Éditeur,
RUE BOUQUERIE, 7.
1862.

LE PETIT LIVRE DE L'ENFANCE.

NOUVEAU
SYLLABAIRE
ET
PREMIÈRES LEÇONS GRADUÉES DE LECTURE
Par F. F***
ANCIEN INSTITUTEUR DU DEGRÉ SUPÉRIEUR.

AVIGNON,
Chez BONNET FILS, IMPRIMEUR-ÉDITEUR,
RUE BOUQUERIE, 7.
1862.

Tout Exemplaire non revêtu de la griffe de l'Auteur et de celle de l'Éditeur sera réputé contrefait.

Avignon, Imprimerie de BONNET FILS.

AUX MAITRES.

Le Syllabaire que nous offrons aux Instituteurs et aux Institutrices n'est pas à vrai dire une nouvelle méthode de lecture ; c'est moins le fruit de notre propre expérience qu'une réunion de procédés usités dans la plupart des écoles, et dont plus de quinze années de pratique constamment dans l'enseignement primaire nous ont fait reconnaître l'efficacité. Nous n'avons eu qu'à coordonner les principes et à faire choix des exercices d'application.

Deux innovations saillantes nous appartiennent dans ce travail, et c'est le désir d'en voir l'adoption se répandre et produire les excellents résultats que nous en avons obtenus nous-même, qui nous a déterminé en grande partie à publier ce nouveau Syllabaire : c'est d'abord l'emploi de l'écriture comme auxiliaire de l'enseignement de la lecture ; ensuite, une série de petites leçons de lecture suivie, à la portée de l'intelligence du premier âge et en caractères gradués, où a été observée la division par syllabes selon le nouveau système d'épellation.

Nous ne saurions trop recommander à nos anciens collègues, les Instituteurs, l'emploi de ce double mode d'enseignement, qui facilite grandement la tâche du maître et abrége la durée de cette période aussi fastidieuse pour celui-ci qu'elle est triste et ennuyeuse pour l'élève; nous voulons parler du temps qui s'écoule depuis l'admission de l'enfant sur les bancs de l'école, jusqu'au moment où il commence à lire couramment.

Depuis quelques années, il est généralement reconnu que la lecture et l'écriture, ces deux bases fondamentales de l'enseignement, doivent se prêter dès le principe un mutuel appui. Cependant, que nous sachions, aucun syllabaire n'a été composé en vue de répondre à cette idée.

Le caractère *italique* n'est, à peu de chose près, que l'écriture ordinaire ; employé concurremment avec le *romain*, majuscules et minuscules, il ne peut que familiariser l'enfant avec les modèles d'écriture qu'on lui mettra plus tard sous les yeux : c'est ce que l'expérience nous a démontré. Nos petits exercices seront pour lui autant de textes de devoirs à copier, dès que sa faible main se sera exercée à reproduire convenablement les premiers éléments calligraphiques. Le Maître, de son côté, y trouvera un moyen d'occuper l'enfant, de flatter son petit amour-propre, en le grandissant à ses yeux, d'établir un nouveau sujet d'émulation dans la division, et surtout de le distraire par la variété des occupations, à cet âge où il est si difficile de tenir l'attention en éveil.

En dehors de tous ces avantages, le profit pour l'enfant sera double ; la leçon de lecture se continuera par l'écriture, et réciproquement; les progrès de l'une et de l'autre ne peuvent être que plus rapides, et moins lourde la tâche du Maître.

Le seconde partie, nous l'avons dit, contient des leçons de lecture suivie en caractères gradués. Ces leçons, dont nous avons cherché à rendre le style aussi simple et aussi attrayant que possible, sont tantôt des historiettes, tantôt des préceptes de conduite, des sentences morales ou des récits propres à porter ou faire naître dans l'esprit et dans le cœur de nos jeunes lecteurs les sentiments dont l'enfance doit être pénétrée.

Puisse cet opuscule obtenir la faveur des Maîtres et Maîtresses, comme nous sommes sûr qu'il sera vu avec plaisir par ceux à qui il est destiné !

1re LEÇON.
VOYELLES SIMPLES.

A E I Y O U

a e i y o u

a e i y o u

1er Exercice.

O I A U E Y

o i a u e y

o i a u e y

2ᵉ Exercice.

O A I E Y U
u e o a u y
o i a e y u

3ᵉ Exercice.

A *ou* U a I
i y E O Y *e*
a E *e* u *e i*

2ᵉ LEÇON.
VOYELLES ACCENTUÉES (1).

É È Ê Ë A Â

é è ê ë à â

é è ê ë à â

(Suite)

O U U U I I

o ù û ü I I

o ù û ü î ï

---

(1) N. B. Ayez soin de faire connaître le rôle des accents, qui est de modifier le son des voyelles. — Faites remarquer la forme de l'accent aigu, de l'accent grave, etc. — Dites ce qu'on entend par *e* muet, *e* fermé, *e* ouvert. Quant aux autres voyelles accentuées, faites-les nommer avec le signe qui les surmonte. Ex. : *ï* tréma, *û* circonflexe, etc.

Exercice.

É O U I O E

à é ï è ü î

ô î à û â ë

3ᵉ LEÇON.
CONSONNES A APPRENDRE (1).

B P R T

b p r t

b p r t

---

(1) Il va sans dire que, dans l'appellation des consonnes, nous conseillons expressément la nouvelle prononciation, comme plus rationnelle lorsqu'il s'agit d'apprendre à lire.

1ᵉʳ *Exercice.*

R B T P B R
r b t p b r
r b t p b r

2ᵉ *Exercice.*

r B t b p R

EXERCICE PRÉPARATOIRE D'ÉPELLATION (1).

B P R T B R
O A I U I A
BO, PA, RI, TU, BI, RA

(1) Nous recommandons beaucoup aux maîtres d'exercer souvent les élèves à la décomposition syllabique, car c'est d'elle, en définitive, que dépend la lecture elle-même.

Syllabes.

BO PA RI TU BI RO

ra bi to pu ri be

bi po ra ti to ri

Mots.

PA-TÉ, RI-RA, PA-PA, RO-BE

pâ-té, ri-ra, pa-pa, ro-be

pâ-té, ri-ra, pa-pa, ro-be

2ᵉ *Exercice de mots.*

RA-PE, PA-TÈ-RE, BU-RE
ra-re, re-ti-re, bê-te
ô-ta, é-ta-pe, pi-pe

4ᵉ LEÇON.

CONSONNES A APPRENDRE.

D F J L M N

d f j l m n

d f j l m n

Exercice.

f N J l q m

Exercice d'épellation.

D J F L M N
O U E A I O
DO JU FE LA MI NO

d n d m l n
î a a e u e
di-na, da-me, lu-ne

f n m n j p
i e u i u e
fi-ne, mu-ni, ju-pe

Exercice récapitulatif des voyelles et des consonnes déjà apprises.

Petites Phrases.

LE PÈ-RE RE-NÉ I-RA A LA FÊ-TE DE RO-ME.

La pa-ru-re de La-za-re me fe-ra ri-re.

U-ne tê-te de bê-te. La mè-re de Fi-dè-le a une ra-ve du-re. Je dî-ne à mi-di. Le ma-ri de ma-da-me.

La pâ-te du pâ-té. La ba-ro-ne a la bi-le Mè-re na-tu-re.

5ᵉ LEÇON.

CONSONNES A APPRENDRE.

K Q⁽¹⁾ S⁽²⁾ V X Z
k q s v x z
k q s v x z

Exercice.

S V Q X K Z V S Q K
q s z v x | s q x z

---

(1) Faites remarquer à l'élève qu'à la fin des mots, le Q se prononce comme le K, coq. Au commencement et dans le corps des mots, quoique joint à la voyelle u, la prononciation ne varie pas.

(2) Seule entre deux voyelles, la consonne S se prononce ze; dans tous les autres cas, le son en est généralement dur. Il y a des exceptions à chacune de ces deux règles, qu'il serait, du reste, hors de propos de développer à fond ici.

6ᵉ LEÇON.

SYLLABES SIMPLES INVERSES
(correspondant à la 3ᵉ leçon).

Exercice préparatoire d'épellation.

O   O   I   O   U   I

R   P   R   T   P   T

OR   OP   IR   OT   UP   IT

ap   *ar*   *et*   *er*   *ip*   *ut*

at   *or*   *it*   *ob*   *uf*   *at*

7ᵉ LEÇON.

SYLLABES SIMPLES INVERSES
(correspondant à la 4ᵉ leçon).

OD   AF   EJ   IL   OM   ON

an   *um*   *ol*   *ej*   *of*   *ed*

ud   *if*   *al*   *im*   *un*   *an*

il   *al*   *od*   *om*   *on*   *ej*

---

(1) A partir de cette leçon, nous ne présenterons plus nos exercices simultanément avec les caractères, capitale, romain et italique, comme nous l'avons fait jusqu'ici, supposant l'élève assez en état dès à présent de distinguer séparément chaque caractère.

8ᵉ LEÇON.

SYLLABES INVERSES

(correspondant à la 5ᵉ leçon).

OK UQ AS AV EX EZ
ox iz uv os iq ak
oz ax ov us aq ek

9ᵉ LEÇON.

SYLLABES DE TROIS LETTRES.

mor top nos tir ruf sil
pas tar nif tev tis sur
bât for mit son d'un rat
nap sol sax sot mar sor
dof paf nil fol nid sap
nef nol sol sal rud rap

(Suite.)

FOZ JUQ PAS MUS FEX LEZ

fox dix duv tiq bak ros

nus riz jak tax rix niq

10ᵉ LEÇON.

Récapitulation des trois exercices précédents.

sot	mar	sol	rat	nap
niq	rix	lax	nus	dix
lez	fez	juq	pas	don

mor	*sil*	*tir*	*nos*	*top*
tar	*son*	*sur*	*nif*	*ruf*
fol	*sap*	*nid*	*dof*	*sax*

11ᵉ LEÇON.

CONSONNES C ET G, DONT LA PRONONCIATION EST VARIABLE.

1ʳᵉ Règle.

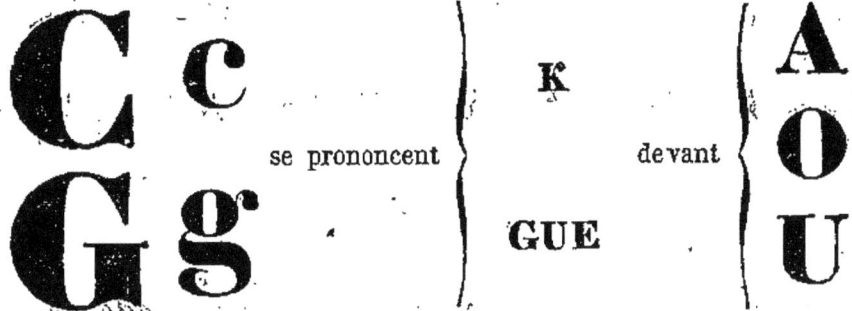

Exercice.

CA-DI É-CU A-GA A-GO-NI-SA
ca-di, é-cu, a-ga, a-go-ni-sa.
ca-di, é-cu, a-ga, a-go-ni-sa.

Phrases.

Ca-fé de la ga-re. Pi-pe d'é-cu-me. Fê-te de la dé-ca-de. Ga-ge de l'a-mi. Ro-se va à la ca-ve de La-za-re. É-vi-te la co-lè-re, ca-ma-ra-de.

2ᵉ Règle.

Ç avec une cédille dessous se prononce	**SSE**	devant	A O U E
C **G** se prononcent	**SSE** **J**	devant les voyelles	E I Y

Exercice.

Ce-ci, gî-te, ci-me, gé-mi, Cy-bè-le, ju-ge, mé-na-ge. Fa-ça-de, re-çu, ce-la, mu-ge, i-ma-gi-né.

Exercice récapitulatif de la leçon précédente.

Lu-ce la-ve-ra sa cu-ve. To-by a vi-dé u-ne ca-ve. Zo-é dé-si-re-ra u-ne ce-ri-se. Mé-na-ge ta ro-be. Le ca-na-ri fe-ra ra-ma-ge. Co-ke. Le ca-na-pé du cu-ré de Gi-ro-ne.

La ca-ne se lè-ve. Le la-va-ge de Ro-se. Ce mu-ge rô-ti-ra. Ma mè-re i-ma-gi-ne u-ne fê-te. La fi-gu-re de l'a-va-re.

12ᵉ LEÇON.
SUR LA LETTRE H.

la lettre **H h** *h* ne se prononce pas en lisant.

Exercice.

Hab   **hir**   **m'ha**   **s'ha**
Rha   *rhi*   *d'h*   *j'ha*

Mots.

ha-bi-tu-de, Rhô-ne, rhi-no-cé-ros
Le thé de pa-pa Re-mi.

13ᵉ LEÇON.

LETTRES QUE LES ÉLÈVES CONFONDENT LE PLUS SOUVENT.

p q
b d

Exercice.

Bo-bi-ne, dé-da-le, ba-di-ne, pi-que, a-da-ge, ha-bi-tu-de, pa-ta-te, ca-bi-ne, a-do-ré. *Pa-tè-re, ba-ti-tu-re, be-sa-ce, do-ré, pâ-tu-re, qua-li-té, Si-byl-le, ca-ba-ne, do-mi-no.*

14ᵉ LEÇON.

SONS ÉQUIVALENTS OU VOYELLES COMPOSÉES.

EU ŒU
eu œu   } se prononcent **E**
eu œu

AI AY AIE EI ET EST
ai ay aie ei et est   } se pron. **É**
ai ay aie ei et est

AU EAU
au eau   } se prononcent **O**
au eau

OU ou ou
OI oi oi
OY oy oy
OIE oie oie

15ᵉ LEÇON.

AUTRES SONS ÉQUIVALENTS.

JI	**GI**	je	ge
SE	**CE**	si	ci
SO	**ÇO**	su	çu
G	**GU**	cr	chr
	f		*ph*
	sa		*ça*
	c		*qu*
	sp		*sph*

Exercice.

OI EU AI ET EAU OU EST

ai au oi eau ou œu oy ei
eau et ay est aie oie ou
ou et ay est ou eau ai
oi au et aie au ei aie.

Syllabes.

r t v c l n
oi ai eau ou aie ou
roi tai veau cou laie nou
pou toi meu nou feu mai
vœu mai sou tau t'ai m'est
sou beau dou j'au l'au nou
vai sau loi t'est l'œu vœu
mau nou teau nœu jeu

Phrases.

J'ai-me ce beau gâ-teau. Il va au bu-reau. Je sau-rai la rou-te. La rei-ne est jeu-ne. Le be-deau fe-ra tai-re Va-lè-re. Voi-ci u-ne pau-me jau-ne. Ma-de-lei-ne a vu u-ne tau-pe. *Il sau-ra fai-re la sau-ce. Le ro-seau est beau. J'ai vu u-ne poi-re mû-re. Ai-mé au-ra le ra-meau d'or-meau. Je dou-te du cou-ra-ge de Fi-dè-le.*

16ᵉ LEÇON.

VOYELLES NASALES.

an en in ain ein on om un oin
an en in ain ein on om un oin.

Exercice.

un on an in oin on un in
an in un oin un ein on an.

Syllabes.

san mon pin cun ron lun man
din ran non coin tein min son.

Phrases.

J'ai man-gé du bon din-don. Pau-lin est un ga-min. Mon cou-sin par-ti-ra de-main jeu-di. J'i-rai à Or-gon. Son cou-teau.

Son cou-teau cou-pe le jam-bon. Le foin de ton cou-sin est bon. Le son ar-gen-tin du tim-bre.

17ᵉ LEÇON.

CONSONNES REDOUBLÉES (1).

bb ff gg ll mm nn pp rr ss tt.

18ᵉ LEÇON.

CONSONNES DOUBLES.

ph ch gn qu ill (2) bl cl pl fl gl
dr pr br cr fr tr pn br gr dr
sp st sc sl sph scr str scl spl pt.

Exercice syllabique.

pha bbé ffa ppa ssé pra chu
gni quo illan blou clin plai flon
gleau prin bra crai fron tri vroi.

dri spé sto sco sla spa spi sclo
splen pneu psin stan ston flou
fré cro bru brou pru gli flo.

(1) Faites remarquer que, dans les syllabes commençant par une consonne redoublée, le redoublement est nul pour la prononciation; exemple : *comme, colle,* prononcez *come, cole,* etc.

(2) Faites prononcer **YEU**, comme dans *treille, groseille,* etc.

Mots.

Ga-ro-nne, pri-è-re, mon-ta-gne, si-gnal, plu-me, bou-illon, ro-gnon, tra-ppe, pa-ille.

Ca-ille, pro-phè-te, croû-te, pru-neau, man-chon, ca-rreau, li-gne, a-bbé, clo-che, blou-se.

Phrases.

La coi-ffe de Lu-ci-le. L'o-ffi-ci-ne du phar-ma-cien. On co-mmen-ce à fai-re un chau-sson. Voi-là u-ne po-mme mû-re. La plan-che se ra-bo-te-ra. Je soi-gne mon é-cri-tu-re.

Ro-main tou-che la pa-ille de mon cha-peau. Avi-gnon do-nne de la ga-ran-ce. Voi-ci u-ne pe-ti-te bri-de. J'ai-me la pro-pre-té. La fla-mme de l'eau-de-vie é-clai-re ma cham-bre.

19ᵉ LEÇON.

1° DIPHTONGUES.

ia	ya	ié	iai	io	yo
iau	ui	oi	ieu	yeu	oui

2° DIPHTONGUES NASALES.

ian   ien   ion   oin   uin

Exercice syllabique.

foi	vio	Dieu	tui	pui
loui	tiè	moi	vian	nié
mui	*pio*	*vieau*	*pieu*	*pié*
sui	*sion*	*coin*	*cuin*	*pion*

Phrases.

A-do-re Dieu. Ma cha-tte miau-le. An-to-nin sau-te-ra le rui-sseau. Le dia-dè-me du roi est beau. A-dieu, ma mè-re.

J'ai u-ne moi-tié de pê-che. Ma-man boi-ra de l'eau tiè-de. An-toi-ne tra-ce-ra u-ne li-gne.

Phrases.

Lu-cien a ca-ssé sa cru-che. Ho-no-ré a fran-chi la ba-rriè-re. Cet-te de-moi-sel-le jui-ve a un bro-de-quin br-odé. Voi-ci le nom de ma-man.

Ton cri se-ra en-ten-du. Le che-val est bri-dé. L'é-tui de mon cha-peau est en-glou-ti. Fré-dé-ric a ca-ssé u-ne bran-che d'ar-bre.

Le prê-tre mon-te à l'au-tel. Vic-tor jou-e-ra du fi-fre. Mon frè-re man-ge u-ne tran-che de me-lon. Pré-fè-re l'u-ti-le à l'a-gré-a-ble. Re-gar-de l'or-dre ad-mi-ra-ble de la na-tu-re.

20e LEÇON.

SYLLABES PARTIELLES DE TROIS LETTRES.

eur œur ain aud ouf oil

ier iel ouc aul aug aur

SYLLABES COMPLÈTES.

sœur   chair   miel   noir
bien   pain   loin   sein   suif   pair
four   *char*   *gnon*   *poil*   *bouc*
hier   *fiel*   *pour*   *Paul*   *t'aug*

Phrases.

Ton cou-sin a man-gé des cham-pi-gnons. La chair du bouc ne vaut rien. Le four de Paul cui-ra mon pain. Vo-tre sœur trem-pe-ra le sien à la sou-pe de Ger-main. Le char de Lon-gin est en-co-re loin.

Hier j'ai vu le chef de la fa-bri-que. Le ciel est pur, l'o-ra-ge est dé-jà loin. Le miel est bon. Vic-to-rin noir-ci-ra le ta-bleau de Pau-lin.

3

21ᵉ LEÇON.

MONOSYLLABES DONT LA VOYELLE E A LE SON FERMÉ.

MES(1) **TES SES CES LES DES**
mes tes ses ces les des
mes tes ses ces les des

Prononcez de même avec le son fermé

ER et EZ

placés à la fin des mots (1).

Exercice.

ses tes des mes ces
ai-mer ver-ger a-do-rez sau-vez

Exceptions.

fier hi-ver cher a-mer fer mer

Phrases.

Es-pé-rer, c'est jou-ir. Il va à son ver-ger. Le fiel est a-mer. L'hi-ver se-ra ru-de. Le fer est dur. Sau-vez mes en-fants. L'é-ther est vo-la-til; il s'é-va-po-re fa-ci-le-ment.

---

(1) Prononcez **MÉ**, **TÉ**, etc.
(2) Il y a quelques exceptions, exemple : *cher, fier, hiver, Suez, Rhodez*, etc., où les finales **R** et **Z** se font sentir.

22ᵉ LEÇON.

Lettres : **s, t, d, p, x, z**, etc., parfois nulles pour la prononciation dans le corps ou à la fin des mots.

L'usage pouvant seul servir de règle à cet égard, nous nous contenterons pour familiariser les élèves avec cette difficulté, qui se présente fréquemment dans la lecture, de représenter dans cet exercice les lettres nulles pour la prononciation par un caractère différent du reste du mot.

Syllabes.

près lai*t* bor*d* tem*ps* san*s*
tro*p* for*t* che*z* son*t* deu*x* noi*x*
pla*t* pri*s* fon*ds* frui*t* li*t*
ceu*x* chai*t* pie*d* vou*s* joue frai*s*

Phrases.

Ces blés ne son*t* pas mûr*s*.
Vou*s* pla-ce*z* for*t* mal vo*s* pie*ds*.
Je vai*s* vous do-nner un co-llier de per-le*s*. Ma-rie boi*t* du lai*t*.

La co-mé-die de Clé-ment est jo-lie. Ro-bert re-çut un coup de pied dans le dos. Voi-ci deux beaux ho-mards. Vos mou-choirs sont fort sa-les. Les loups hur-lent au bois la nuit. C'est la faim qui les fait cri-er. Ga-re a-lors aux pau-vres mou-tons qui ne sont pas pro-té-gés con-tre leurs dents cru-el-les! Lé-o-nard a froid aux doigts.

23ᵉ LEÇON.

Y entre deux voyelles se prononce comme deux **I**

T entre deux voyelles ou entre un **C** et une voyelle se prononce **SS**

Exercice.

Mots.

mo-y-en   pa-ys   es-su-yer   cra-yon
moi-ien   *pai-is*   *es-sui-ier*   *crai-ion*

lo-ca-tion   su-jé-tion   com-po-si-tion
lo-ca-ssion   *su-jé-ssion*   *com-po-si-ssion*

po-tion dic-tion frac-tion dé-duc-tion

Phrases.

Vo-yez son a-ni-ma-tion. Quel ta-lent de pré-di-ca-tion ! Soi-gne ton é-du-ca-tion. Son-ge à la sanc-ti-fi-ca-tion de ta vie.

U-ne bo-nne ac-tion a-ppor-te de la sa-tis-fac-tion dans le cœur. Co-rri-gez vo-tre dic-tion. J'ai beau-coup d'o-ccu-pa-tion. Re-gar-de l'or-dre ad-mi-ra-ble de la créa-tion. L'ac-tion et l'in-ten-tion sont deux cho-ses fort dis-tinc-tes.

24ᵉ LEÇON.

E suivi de **MM** ou de **NN** se prononce **A**.

Exercice.

Mots.

fem-me so-len-nel so-len-ni-té né-gli-gem-ment in-no-cem-ment a-ppa-rem-ment pru-dem-ment é-lo-quem-memt con-cu-rrem-ment.

SECONDE PARTIE.

LECTURES GRADUÉES.

I.

La Prière du petit Enfant.

Mon Dieu, vous m'a-vez mis au mon-de pour ê-tre heu-reux et pour fai-re le bon-heur de mes pa-rents. Vous sa-vez mieux que moi ce qui me man-que pour ce-la. Mon cœur s'en ra-ppor-te à vos soins. Do-nnez-moi les ver-tus qu'il faut pour vous plai-re et ren-dre heu-reu-se tou-te ma fa-mi-lle.

II.

Le Chat.

Mi-net s'est cou-ché sur les ge-noux de la pe-ti-te fi-lle. Il so-mmei-lle les yeux à de-mi ou-verts, et de plai-sir fait en-ten-dre son ron-ron.

Sa fou-rru-re est plus dou-ce que le ve-lours, ses lè-vres et son men-ton sont ro-ses, ses mous-ta-ches lui-sent co-mme des fils de soie.

Mi-net est un pa-res-seux. Au lieu de dor-mir sur les ge-noux de sa maî-tres-se, il fe-rait mieux d'a-ller au gre-nier cha-sser les sou-ris, qui ron-gent les pro-vi-sions.

Mi-net est bien beau, bien pro-pre, bien gen-til, mais il a des gri-ffes ai-guës.

Pe-ti-te fi-lle, pre-nez gar-de aux gri-ffes de vo-tre a-mi Mi-net !...

III.

L'Aumône.

Le pe-tit Lou-is s'en a-llait à l'é-co-le, tout con-tent d'a-voir un pe-tit sou pour a-che-ter des fri-an-di-ses. Il ren-con-tre en che-min un pau-vre vieux men-diant. Lou-is é-mu à la vue de cet in-for-tu-né qui lui tend la main, re-non-ce à ses fri-an-di-ses et lui do-nne son pe-tit sou. Le pau-vre le re-mer-cie et prie Dieu pour le gé-né-reux en-fant.

A l'é-co-le, le maî-tre, sa-tis-fait de l'a-ppli-ca-tion de Lou-is, lui do-nne u-ne ré-com-pen-se, et, de re-tour chez lui, son pa-pa lui a-chè-te un bon gâ-teau et des jou-joux.

L'au-mô-ne a-tti-re sur nous les bé-né-dic-tions du Ciel.

IV.

Le Chien.

Le chien pa-sse la nuit dans sa ni-che, cou-ché sur un peu de pa-ille. Il vei-lle à la sû-re-té de la mai-son.

Si quel-que mal-fai-teur s'a-ppro-che, il do-nne-ra l'é-veil en a-bo-yant.

Le chien ai-de au ber-ger pour la gar-de du trou-peau. Si un mou-ton s'é-car-te, il le ra-mè-ne; si le loup a-ppa-raît, il se jet-te sur le loup et l'é-tran-gle.

C'est pour lai-sser moins de

prise au loup que le maî-tre a cou-pé les o-rei-lles du chien, et mis à son cou un co-llier ar-mé de lon-gues poin-tes de fer.

Le chien est un a-ni-mal très u-ti-le. Gar-dez vous, en-fants, de le mal-trai-ter. Les mé-chants gar-çons qui le tra-ca-ssent en sont sou-vent pu-nis par un cru-el coup de dent.

V.
La Gourmande punie.

En fu-re-tant dans la mai-son, Ma-rie trou-va un jour sur u-ne ta-ble de nuit u-ne jo-lie pe-ti-te boî-te lai-ssée là par mé-gar-de par sa grand'ma-man. El-le l'ou-vre et re-co-nnaît que la boî-te ren-fer-me quel-que cho-se qui a l'a-ppa-ren-ce du bon-bon. Au-ssi-tôt d'en pren-dre et d'en man-ger.

Au bout de quel-ques ins-tants, Ma-rie fut sai-sie de for-tes co-li-ques qui la fi-rent beau-coup sou-ffrir.

La gour-man-de a-vait pris u-ne pur-ge vio-len-te cro-yant su-cer quel-ques pas-ti-lles.

Ne tou-chez à rien sans de-man-der la per-mi-ssion.

VI.
Le Nid.

U-ne fau-vet-te a pla-cé son nid sur un poi-rier du jar-din. A-vec du crin, de la lai-ne et des plu-mes bien fi-nes, el-le a bâ-ti un ber-ceau rond com-me u-ne ta-sse.

Et dans ce ber-ceau sont six pe-tits oi-seaux en-co-re sans plu-mes, bien ser-rés l'un con-tre l'au-tre, pour ne pas a-voir froid.

La mè-re a-rri-ve. Les oi-si-llons lè-vent la tê-te, ou-vrent leur bec tout jau-ne, et la mè-re leur par-ta-ge u-ne che-ni-lle qu'el-le vient d'a-ppor-ter.

Puis el-le s'en-vo-le; et, tout le jour sans re-pos, el-le va du nid dans les haies voi-si-nes et des haies au nid pour a-ppor-ter d'au-tre nou-rri-tu-re.

Que de pei-ne, pe-tit oi-seau, tu te do-nnes, com-bien de vo-ya-ges ne fais-tu pas dans un jour! N'es-tu pas bien fa-ti-gué, le soir, quand tu viens ré-chau-ffer sous tes ai-les ta fa-mi-lle re-pue et en-dor-mie?

Mais que de-vien-draient les

six oi-si-llons sans plu-mes, si leur pè-re et leur mè-re n'en pre-naient pas soin? Ils pé-ri-raient de froid et de faim.

Et que de-vien-driez-vous, vous-mê-me, pe-tit en-fant, si vo-tre pè-re et vo-tre mè-re ne fai-saient pour vous ce que la fau-vet-te fait pour ses pe-tits?

Ai-mez bien vos pa-rents.

VII.
Le Lézard et la Tortue.

Le lé-zard un jour s'a-pi-to-yait sur le mal-heur de la tor-tue, tou-jours o-bli-gée de traî-ner a-vec el-le sa lour-de ca-ra-pa-ce. Pau-vre tor-tue, di-sait-il, quel est ton sort de ne pou-voir a-ller nu-lle part sans por-ter ta mai-son!

Pau-vre! fi donc! ré-pon-dit cel-le-ci, ne sais-tu pas qu'u-ne char-ge u-ti-le n'est ja-mais lour-de?

VIII.
Le petit Frère.

Que Ga-bri-el-le est con-ten-te! Au-ssi-tôt en cla-sse, el-le fait part à ses com-pa-gnes du bon-heur qui lui est a-rri-vé.

De-puis hier ma-tin, el-le a un pe-tit frè-re, et cet é-vè-ne-ment sur-ve-nu dans sa fa-mi-lle est la cau-se de ses trans-ports de joie. Ce qui la pré-o-ccu-pe, el-le, ce ne sont ni les pré-pa-ra-tifs qui se font à la mai-son, pour le bap-tê-me ou la ré-cep-tion pro-chai-ne de la ma-rrai-ne et du pa-rrain ; ce-la n'est point son a-ffai-re. El-le ne son-ge, la bo-nne pe-ti-te fi-lle, qu'à ce qu'el-le pou-rra fai-re pour a-mu-ser son jeu-ne frè-re et à s'en faire ai-mer.

IX.

Le petit frère (*Suite*).

El-le le voit dé-jà co-mmen-çant à mar-cher, à bal-bu-tier le nom de pa-pa, de ma-man, le sien et ce-lui de sa sœur, fai-sant co-nnaî-tre dans un lan-ga-ge qu'il s'est for-mé, ses pe-tits dé-sirs et les cho-ses qui l'en-tou-rent. El-le son-ge à l'heu-reux mo-ment où ils i-ront en-sem-ble à la pro-me-na-de, se do-nnant la main, cau-sant de tout ce qui se pré-sen-te-ra sous leurs yeux. El-le le voit plus tard se mê-lant à tous ses jeux, pre-nant part à tou-tes ses pei-nes et res-tant tou-jours u-nis, co-mme doi-vent l'ê-tre des en-fants d'une mê-me fa-mi-lle. Quel-le ai-ma-ble en-fant que Ga-bri-el-le !.

X.

La Moisson.

Le blé, jau-ni par le so-leil, est près d'ê-tre cou-pé. L'é-pi, a-lour-di par le grain, fait pen-cher la ti-ge.

A la poin-te du jour, les moi-sso-nneurs a-rri-vent, ar-més de fau-ci-lles ; et ils cou-pent le blé, tan-dis que l'a-lou-et-te ma-ti-na-le, s'é-le-vant au haut des airs, sa-lue-ra de ses chants le ré-veil du jour.

Le blé se-ra lié en ger-bes ; et les ger-bes, é-ta-lées sur l'ai-re, se-ront ba-ttues a-vec des flé-aux pour fai-re dé-ta-cher le grain de la pa-ille.

Le grain bien net-to-yé se-ra mis dans des sacs, puis a-ppor-té au mou-lin pour ê-tre ré-duit en fa-ri-ne, a-vec la-quel-le on fait le pain.

Bé-ni-ssons Dieu, mes en-fants, qui do-nne aux moi-ssons l'eau des nu-a-ges et la cha-leur du so-leil ; bé-ni-ssons Dieu qui fait mû-rir le grain...

Nous lui de-vons le pain de cha-que jour. Que nous de-man-de-t-il pour tous les bien-faits que sa li-bé-ra-le main ré-pand sans ces-se sur nous ? No-tre a-mour, no-tre re-con-nai-ssance et l'au-mô-ne aux in-di-gents.

XI.

Le Scieur de bois.

Par u-ne froi-de ma-ti-née d'hi-ver, Fré-dé-ric, a-près a-voir bien dé-jeû-né à sa mai-son, se ren-dait en cla-sse, chau-de-ment en-ve-lop-pé dans son man-teau. En che-min, il a-per-çut dans la rue un ho-mme o-ccu-pé à fen-dre et à sci-er du bois. Quoi-que à pei-ne vê-tu, il su-ait à gro-sses gou-ttes et pa-rai-ssait a-cca-blé de fa-ti-gue. Quel ru-de mé-tier, en ef-fet, mes en-fants ! Et on vous en-tend par-fois vous plain-dre du peu de tra-vail que l'on ex-i-ge de vous !

Quel-le in-jus-ti-ce est la vôtre !

Sui-vez le pré-cep-te de la sa-gesse ; de bon-ne heu-re, a-ppre-nez à vous y con-for-mer. Pour n'ê-tre point ten-tés de vous plain-dre sans rai-son de vo-tre sort, re-gar-dez tou-jours au-des-sous de vous.

XII.

Les résolutions du petit Enfant.

Pour le bon Dieu que puis-je faire ?
Je suis si pe-tit, si pe-tit !
Voi-ci ce que mon cœur me dit :
J'ai-me-rai bien ma bo-nne mè-re :
On peut l'ai-mer, quoi-que pe-tit.
Pour Dieu que puis-je fai-re en-co-re ?
Puis-que c'est Dieu qui nous bé-nit,
Je prie-rai bien près de mon lit
Ce bon Dieu que ma mè-re a-do-re :
On peut pri-er, quoi-que pe-tit.
Et puis-je fai-re da-van-ta-ge ?
A l'é-co-le où l'on me con-duit,
A-tten-tif à tout ce qu'on dit,
Je m'ef-for-ce-rai d'ê-tre sa-ge :

On peut l'ê-tre, quoi-que pe-tit.
Et quoi d'au-tre, en-fin ? — Si ma mè-re
Me ré-pri-man-de ou m'a-ver-tit,
J'y vei-lle-rai, quoi-que pe-tit,
Pour co-rri-ger mon ca-rac-tè-re :
C'est co-mme ce-la qu'on gran-dit.

XIII.

L'hirondelle.

« Que l'hi-ron-del-le est heu-reu-se ! tout le jour el-le vo-le où el-le veut, di-sait Au-gus-te. El-le mon-te, mon-te en-co-re jus-qu'aux nu-a-ges, puis el-le re-des-cend et ra-se la ter-re. El-le se ba-lan-ce dans les airs, el-le va, el-le vient. Le re-gard ne peut la sui-vre.

» Hi-ron-del-le, que j'en-vie ton sort! Je ne peux, com-me toi, m'a-mu-ser tout le jour. Il faut que je me ren-de à l'é-co-le, que j'é-tu-die, que je tra-vail-le... »

L'hi-ron-del-le ne s'a-mu-se pas, el-le cha-sse des mou-che-rons, qu'el-le a-ppor-te un à un à sa ni-chée. Dans un nid bâ-ti a-vec de la ter-re, sous le re-bord du toit, se trou-ve la fa-mi-lle de l'hi-ron-del-le. Pour la nou-rrir, le pè-re et la mè-re se fa-ti-guent tout le jour à cha-sser des mou-che-rons.

L'hi-ron-del-le ne s'a-mu-se pas, el-le tra-vail-le; el-le su-bit la loi co-mmu-ne à tous les ê-tres.

Pe-tit en-fant, fais com-me l'hi-ron-del-le, tra-vail-le; et, puis-que ton tra-vail pour le mo-ment est d'a-ppren-dre ta le-çon, a-pprends-la bien et ne son-ge pas à t'a-mu-ser tout le jour.

XIV.

Le Mensonge.

Fi! que c'est vi-lain de men-tir! Fu-yez ce vi-ce o-dieux, mon en-fant. Si vous pa-ssiez pour un men-teur, on ne vous croi-rait plus quand mê-me vous di-ri-ez la vé-ri-té, et ce se-rait bien fâ-cheux pour vous.

Sou-vent un men-son-ge peut ê-tre la cau-se de grands mal-heurs:

li-sez l'his-toi-re d'Al-bert le men-teur, et gar-dez-vous de l'i-mi-ter.

Al-bert fut en-vo-yé par son pè-re por-ter à la pos-te u-ne let-tre fort im-por-tan-te. Che-min fai-sant, il ren-con-tre des ca-ma-ra-des a-vec qui il joue pen-dant a-ssez long-temps. La vi-va-ci-té de ses mou-ve-ments fait qu'il lai-sse tom-ber à ter-re la pré-cieu-se let-tre, qui est à son in-su fou-lée aux pieds et dé-chi-rée.

Con-fus et dans l'em-ba-rras en s'a-per-ce-vant de sa so-tti-se, il re-tour-ne chez lui et a le mal-heur de di-re à son pè-re qu'il s'é-tait a-cqui-tté de sa co-mmi-ssion.

Au bout de quel-ques jours, la

ré-pon-se n'a-rri-vant pas, le pè-re d'Al-bert a-lla lui-mê-me à la pos-te et a-cquit la cer-ti-tu-de que sa let-tre n'a-vait pas été je-tée dans la boî-te. Le drô-le dut dès lors a-vou-er sa fau-te ; et sa dou-leur fut bien gran-de quand il a-pprit que, par le fait de son men-son-ge, son pè-re a-vait é-prou-vé u-ne per-te con-si-dé-ra-ble.

XV.

Les Allumettes.

Gar-dez-vous, mes en-fants, de jou-er a-vec les a-llu-met-tes, vous cour-riez ris-que d'ê-tre la cau-se de grands mal-heurs, sur-tout de met-tre feu à vos vê-te-ments et de vous brû-ler tout vi-vants.

Que d'ac-ci-dents n'a-t-on pas tous les jours

à dé-plo-rer, qui ont pour cau-se la né-gli-gen-ce des pa-rents ou des do-mes-ti-ques, qui lai-ssent à la por-tée des jeu-nes en-fants ces ob-jets dan-ge-reux !

Le feu, les ins-tru-ments tran-chants et les ar-mes sont de ter-ri-bles jou-joux pour les en-fants, qui i-gno-rent les pré-cau-tions qu'il y a à pren-dre pour s'en ser-vir u-ti-le-ment et sans dan-ger.

Gar-dez-vous de les ma-nier ; ne le fai-tes, si ce-la est né-ces-sai-re, qu'a-vec beau-coup de pré-cau-tion.

XVI.

La Neige.

Ve-nez voir, pa-pa, s'é-cri-a Paul un ma-tin d'un jour d'hi-ver en se ré-vei-llant ! les toits des mai-sons ont chan-gé de cou-leur, les som-mets et les bran-ches des ar-bres du jar-din sont blancs ! Que s'est-il donc pa-ssé cet-te nuit ?

Il est tom-bé de la nei-ge, mon en-fant, tou-te la cam-pa-gne en est re-cou-ver-te, co-mme d'un vaste man-teau. Il fait froid : tout se tait; on n'en-tend que le si-ffle-ment du vent gla-cé qui mu-git au de-hors; per-so-nne ne peut sor-tir de sa mai-son pour tra-va-iller.

Le pau-vre ne peut plus a-ller fai-re sa jour-née, la ter-re est dur-cie par la ge-lée. C'est à pré-sent qu'il a be-soin pour vi-vre de sor-tir les pro-vi-sions ou les é-co-no-mies qu'il a mi-ses en ré-ser-ve au mo-ment des beaux jours.

S'il n'a pas su é-co-no-mi-ser quel-que cho-se a-lors, com-bien il va ê-tre mal-heu-reux, lui et ses pau-vres en-fants, pen-dant la du-re sai-son !

Heu-reu-se-ment qu'il y a au mon-de des â-mes cha-ri-ta-bles, qui au-ront pi-tié de sa mi-sè-re et lui vien-dront en ai-de. Si ses en-fants ont faim, on leur do-nne-ra des a-li-ments; s'ils sont nus, ils re-ce-vront des vê-te-ments, et si le froid roi-dit leurs membres et rou-git leurs pe-ti-tes mains, on leur do-nne-ra de quoi fai-re flamber le fo-yer : car nous so-mmes tous frè-res. Si Dieu a fait des pau-vres et des ri-ches, c'est a-fin de do-nner à ceux-ci le mo-yen de lui ê-tre a-gré-a-bles en sou-la-geant les mal-heu-reux.

Fai-tes l'au-mô-ne de vo-tre bien, a dit le Seigneur, *et ne dé-tour-nez ja-mais vo-tre vi-sa-ge du pauvre. Ain-si vous mé-ri-te-rez que Dieu lui mê-me por-te sur vous ses re-gards.*

XVII.

Maximes.

Ne re-met-tez ja-mais à de-main ce que vous pou-vez fai-re au-jour-d'hui. N'em-plo-yez pas au-trui pour ce que vous pou-vez fai-re vous-mê-me. N'a-che-tez ja-mais ce qui vous est

i-nu-ti-le, sous pré-tex-te que c'est bon mar-ché.
Si vous ê-tes i-rri-té, comp-tez jus-qu'à dix
a-vant de par-ler, et jus-qu'à cent si vous ê-tes
en co-lè-re. Rien de fa-ti-gant, si c'est fait de
bon cœur. L'ho-mme con-ser-ve dans l'â-ge
mûr les prin-ci-pes qu'il a re-çus et pra-ti-
qués dans son en-fan-ce.

XVIII.

A la Jeunesse.

Ai-ma-ble et bri-llan-te jeu-nes-se, con-si-dè-
re dans les fleurs l'i-ma-ge du des-tin qui t'est
ré-ser-vé. Tu leur re-ssem-bles au-ssi par ta
cour-te du-rée. Tu po-ssè-des mi-lle a-ttraits
en-chan-teurs; mais com-bien se fa-nent
promp-te-ment la vio-let-te et la hya-cin-the,
lors-que le cru-el a-qui-lon vient à sou-ffler
sur el-les!

Son-ge qu'il n'est ici-bas de biens so-li-des
et cons-tants que la sa-ges-se et la ver-tu.

Ne te glo-ri-fie donc point de tes a-van-ta-ges ex-té-rieurs et ne te li-vre point in-dis-crè-te-ment à de fo-lles joies, à des plai-sirs bru-yants et dan-ge-reux.

XIX.

Dieu est partout.

Un pe-tit en-fant, au-ssi re-mar-qua-ble par la pré-co-ci-té de son in-tel-li-gen-ce que par son a-ma-bi-li-té et son a-ppli-ca-tion à l'é-tu-de, fut un jour in-ter-ro-gé par un plai-sant en ces ter-mes :

— Mon pe-tit a-mi, si tu me dis où est Dieu, je te do-nne-rai une o-ran-ge.

— Je vous en do-nne-rai cent, ré-pon-dit l'enfant, si vous me di-tes où il n'est pas.

Dieu est par-tout en ef-fet ; son œil vi-gi-lant em-bra-sse tou-te la na-tu-re.

C'est lui qui nous a faits et qui con-ser-ve no-tre ex-is-ten-ce. Il n'au-rait qu'à re-ti-rer sa main, et le mon-de ces-se-rait d'ê-tre, il n'au-rait qu'à vou-loir, et la vie nous se-rait re-ti-rée à l'ins-tant.

Son-geons que nous so-mmes tou-jours en sa pré-sen-ce, et nous de-vien-drons mei-lleurs.

XX.

Le Boudeur.

Ju-lien a-vait le dé-faut de fai-re la mi-ne tou-tes les fois qu'il se cro-yait o-ffen-sé par quel-qu'un. Il pou-vait bou-der plu-sieurs jours de sui-te et ne pas ré-pon-dre aux ques-tions qu'on lui a-dres-sait.

Le pè-re de Ju-lien é-tait dé-so-lé de ce vi-lain dé-faut; et, co-mme ses ex-hor-ta-tions res-taient sans ef-fet, il pria tous les gens de la mai-son de bou-der son fils tou-tes les fois qu'il bou-de-rait lui-mê-me.

Ce mo-yen ré-us-sit, Ju-lien eut hor-reur de son dé-faut et s'en co-rri-gea.

XXI.

Le Noyau.

Un é-co-lier pres-sait u-ne ce-rise en-tre ses lè-vres et en re-je-tait le no-yau. Un viei-llard qui le re-gar-dait fai-re, re-le-va le no-yau et l'en-fou-it dans u-ne ter-re la-bou-rée, aux yeux de l'en-fant qui rit d'un tel soin.

Plus tard l'en-fant re-pa-ssa au mê-me lieu et vit le no-yau de-ve-nu un ar-bus-te. Le vieillard é-tait en-co-re là qui le tail-lait, le greffait, le dé-fen-dait con-tre tou-te a-ttein-te.

A quoi bon tant de fa-ti-gues? pen-sa l'en-fant.

Mais de-ve-nu ho-mme et lon-geant la rou-te pou-dreu-se, il trou-va l'ar-bre cou-vert de fruits, qui le dé-sal-té-rè-rent et il com-prit en-fin la pru-den-ce du vieil-lard.

Cha-cun de nous est l'i-ma-ge de cet é-co-lier. Com-bien de pro-jets a-ban-do-nnés sur la rou-te de la vie qu'un plus pru-dent re-lè-ve et dont il ti-re un ex-cel-lent par-ti !

Ha-bi-tu-ez-vous à ré-flé-chir, et à vous ren-dre comp-te de ce que vous vo-yez.

XXII.

La Division du Temps.

Venez ici, Émile, je vais vous apprendre la division du temps. Si vous retenez bien ce que je vais vous dire, je vous achèterai un polichinel.

Il y a quatre saisons : le printemps, l'été, l'automne et l'hiver. — Il y a douze mois dans l'année : janvier, février, mars, avril, mai, juin, juillet, août, septembre, octobre, novembre et décembre. — Chaque saison comprend trois mois. Les douze mois font une année, qui est de trois cent soixante-cinq jours. Il y a quatre semaines dans un mois, et sept jours dans une semaine. Voici leurs noms : lundi, mardi, mer-

credi, jeudi, vendredi, samedi et dimanche.
Le jour est de vingt-quatre heures, et l'heure, de
soixante minutes.

XXIII.

Les Chiffres.

Les chiffres sont des signes qui servent à
compter. On en distingue deux sortes : les
chiffres *arabes*, dont nous nous servons le plus
fréquemment, et les chiffres *romains*. Voici la
forme et le nom des chiffres arabes qui servent
à former tous les autres nombres :

1	2	3	4	5
un	*trois*	*deux*	*quatre*	*cinq*
6	7	8	9	0
six	*sept*	*huit*	*neuf*	*zéro*

Si vous avez bien saisi la forme des chiffres
ci-dessus, vous n'aurez pas de peine à indiquer

le nom des caractères suivants : 4 — 7 — 3 — 5 et 8; ni de ceux-ci : 1 — 9 — 0 — 2 et 6. La connaissance des chiffres est indispensable pour apprendre le calcul, qui est l'art de compter.

XXIV.

Le petit Ramoneur.

On ramone la cheminée du haut en bas!

C'est par ce cri jeté à pleins poumons et d'une voix argentine qui vous a souvent réveillés le matin, que s'annonce le petit ramoneur. — Que veut-il, cet enfant matinal, avec sa figure toute barbouillée de suie, sa chemise noire, ses pantalons sales et raccommodés ? — Il veut qu'on le fasse travailler pour gagner quelques sous, qu'il mettra soigneusement de côté, et qu'à la fin de l'hiver, il rapportera à ses parents. — Donnons un morceau de pain et du travail au petit ramoneur.

Sa patrie, c'est la Savoie, pays nouvellement

réuni à la France. C'est un pays pauvre; il y fait bien froid pendant l'hiver, et beaucoup de gens ont à peine en cette saison de quoi se nourrir eux et leurs enfants. C'est pour cela qu'à l'approche du froid, ils viennent par bandes de tout âge, dans nos grandes villes, mettre leurs petits services à la disposition de ceux qui peuvent en avoir besoin. Ils sont actifs, sobres, économes, durs au travail.

L'hiver passé, ils retournent dans leurs montagnes avec le petit pécule qu'ils ont amassé par leur travail.

XXV.

Conseils.

Les petits enfants qui ne manquent jamais de commencer leur journée par prier le bon Dieu, sont les plus heureux. Ils sont toujours sages, tout le monde les aime, et leurs mères les chérissent encore plus tendrement. N'y manquez jamais, mon enfant; dites tous les matins en vous levant cette première prière du petit enfant :

« *Divin Jésus, voici mon cœur ;*
» *Daignez en accepter l'hommage ;*
» *Faites-moi grand, faites-moi sage,*
» *Et j'obtiendrai le vrai bonheur.* »

XXVI.

L'Ange Gardien.

Aimez bien votre bon ange, chers petits ; et, pour qu'il vous protége toujours, songez que c'est Dieu lui-même qui vous l'envoie, et que vous devez bien prendre garde de le contrister en vous conduisant mal.

Dites-lui souvent :

« Veillez sur moi quand je m'éveille,
» Bon ange, puisque Dieu l'a dit,
» Et chaque nuit quand je sommeille,
» Penchez-vous sur mon petit lit ;
» Ayez pitié de ma faiblesse,

» A mes côtés marchez sans cesse,
» Parlez-moi le long du chemin ;
» Et, pendant que je vous écoute,
» De peur que je tombe en route,
» Bon ange, donnez-moi la main. »

EXERCICES DE MÉMOIRE.

PRIÈRES.

Oraison Dominicale.

Notre Père, qui êtes aux cieux, que votre nom soit sanctifié ; que votre règne arrive ; que votre volonté soit faite, sur la terre comme au ciel. Donnez-

nous aujourd'hui notre pain quotidien; pardonnez-nous nos offenses comme nous pardonnons à ceux qui nous ont offensés : et ne nous laissez point succomber à la tentation, mais délivrez-nous du mal. Ainsi soit-il.

La Salutation Angélique.

Je vous salue, Marie, pleine de grâce; le Seigneur est avec vous; vous êtes bénie entre toutes les femmes; et Jésus, le fruit de vos entrailles, est béni.

Sainte Marie, Mère de Dieu,

priez pour nous, pauvres pécheurs, maintenant et à l'heure de notre mort. Ainsi soit-il.

Le Symbole des Apôtres.

Je crois en Dieu, le Père tout-puissant, Créateur du Ciel et de la terre; et en Jésus-Christ, son Fils unique, Notre Seigneur, qui a été conçu du Saint-Esprit, est né de la Vierge Marie, a souffert sous Ponce-Pilate, a été crucifié, est mort et a été enseveli, est descendu aux enfers, le troisième jour est ressuscité des morts, est monté aux cieux, est assis à la droite de Dieu, le Père tout-Puissant, d'où il viendra juger les vivants et les morts. Je crois au Saint-Esprit, la sainte Église catholique, la communion des Saints, la rémission des péchés, la résurrection de la chair, la vie éternelle. Ainsi soit-il.

La Confession des Péchés.

Je confesse à Dieu tout-puissant, à la bienheureuse Marie toujours Vierge, à saint Michel Archange, à saint Jean-Baptiste, aux Apôtres saint Pierre et saint Paul, à tous les Saints, que j'ai beaucoup péché, par pensées, par paroles et par actions ; c'est ma faute, c'est ma faute, c'est ma très-grande faute : c'est pourquoi je prie la bienheureuse Marie toujours Vierge, saint Michel Archange, saint Jean-Baptiste, les Apôtres saint Pierre et saint Paul, tous les Saints, de prier pour moi le Seigneur notre Dieu.

―

Que le Dieu tout-puissant nous fasse miséricorde, qu'il nous pardonne nos péchés, et nous conduise à la vie éternelle. Ainsi soit-il.

Que le Seigneur tout-puissant et miséricordieux nous accorde le pardon, l'absolution et la rémission de tous nos péchés. Ainsi soit-il.

TABLE DES MATIÈRES.

	Pages.
Aux Maitres.	3
1re Leçon. Voyelles simples.	7
2e — — accentuées	9
3e — Première série de consonnes à apprendre.	10
4e — Deuxième série — —	
5e — Troisième série — —	16
6e — Syllabes simples inverses.	17
7e — } Continuation des syllabes simples inverses	17 et 18
8e —	
9e — Syllabes de trois lettres	18
10e — Récapitulation	19
11e — Consonnes C et G	20
12e — Lettre H	22
13e — Lettres P, Q, B, D.	23
14e — Sons équivalents ou voyelles composées	24
15e — Autres sons équivalents	25
16e — Voyelles nasales.	28
17e — Consonnes redoublées	29
18e — Consonnes doubles.	29
19e — Diphtongues simples et nasales	31
20e — Syllabes partielles et complètes de trois lettres.	32 et 33
21e — Monosyllabes MES, TES, SES, etc.	34
22e — Lettres nulles pour la prononciation	35
23e — Prononciation de l'Y entre deux voyelles et du T entre un C et une voyelle	36
24e — Prononciation de l'E suivi de MM ou de NN.	37

SECONDE PARTIE.

LECTURES GRADUÉES.

I. La Prière du petit enfant	38

II. Le Chat	39
III. L'Aumône	40
IV. Le Chien	42
V. La Gourmande punie	43
VI. Le Nid	45
VII. Le Lézard et la Tortue	47
VIII. Le petit Frère	48
IX. — (suite)	50
X. La Moisson	51
XI. Le Scieur de bois	53
XII. Les Résolutions du petit enfant	55
XIII. L'Hirondelle	56
XIV. Le Mensonge	58
XV. Les Allumettes	60
XVI. La Neige	61
XVII. Maximes	63
XVIII. A la Jeunesse	64
XIX. Dieu est partout	65
XX. Le Boudeur	66
XXI. Le Noyau	67
XXII. La Division du Temps	68
XXIII. Les Chiffres	69
XXIV. Le petit Ramoneur	70
XXV. Conseils	71
XXVI. L'Ange Gardien	72

EXERCICES DE MÉMOIRE.

L'Oraison dominicale	73
La Salutation angélique	74
Le Symbole des Apôtres	75
La Confession des péchés	76

FIN.

Avignon, Imprimerie de BONNET FILS.

www.ingramcontent.com/pod-product-compliance
Lightning Source LLC
LaVergne TN
LVHW020959090426
835512LV00009B/1960